TRANZLATY

La Langue est pour tout le Monde

Езикът е за всички

La Belle et la Bête

Красавицата и звярът

Gabrielle-Suzanne Barbot de Villeneuve

Français / Български

Copyright © 2025 Tranzlaty
All rights reserved
Published by Tranzlaty
ISBN: 978-1-80572-037-9
Original text by Gabrielle-Suzanne Barbot de Villeneuve
La Belle et la Bête
First published in French in 1740
Taken from The Blue Fairy Book (Andrew Lang)
Illustration by Walter Crane
www.tranzlaty.com

Il était une fois un riche marchand
Имало едно време един богат търговец
ce riche marchand avait six enfants
този богат търговец имал шест деца
il avait trois fils et trois filles
той имаше трима сина и три дъщери
il n'a épargné aucun coût pour leur éducation
той не пести средства за тяхното образование
parce qu'il était un homme sensé
защото той беше разумен човек
mais il a donné à ses enfants de nombreux serviteurs
но той даде на децата си много слуги
ses filles étaient extrêmement jolies
дъщерите му бяха изключително красиви
et sa plus jeune fille était particulièrement jolie
а най-малката му дъщеря беше особено красива
Déjà enfant, sa beauté était admirée
като дете красотата й вече се възхищаваше
et les gens l'appelaient à cause de sa beauté
и хората я наричаха по красотата й
sa beauté ne s'est pas estompée avec l'âge
красотата й не увяхна, докато остаряваше
alors les gens ont continué à l'appeler par sa beauté
така че хората продължиха да я наричат с нейната красота
cela a rendu ses sœurs très jalouses
това накара сестрите й да ревнуват много
les deux filles aînées avaient beaucoup de fierté
двете най-големи дъщери имаха голяма доза гордост
leur richesse était la source de leur fierté
тяхното богатство беше източник на тяхната гордост
et ils n'ont pas caché leur fierté non plus
и не скриха гордостта си
ils n'ont pas rendu visite aux filles d'autres marchands
те не посещаваха дъщерите на други търговци
parce qu'ils ne rencontrent que l'aristocratie
защото се срещат само с аристокрацията

ils sortaient tous les jours pour faire la fête
излизаха всеки ден на купони
bals, pièces de théâtre, concerts, etc.
балове, пиеси, концерти и т.н
et ils se moquèrent de leur plus jeune sœur
и се смееха на най-малката си сестра
parce qu'elle passait la plupart de son temps à lire
защото прекарваше по-голямата част от времето си в четене
il était bien connu qu'ils étaient riches
добре се знаеше, че са богати
alors plusieurs marchands éminents ont demandé leur main
затова няколко видни търговци поискали ръката им
mais ils ont dit qu'ils n'allaient pas se marier
но казаха, че няма да се женят
mais ils étaient prêts à faire quelques exceptions
но те бяха готови да направят някои изключения
« Peut-être que je pourrais épouser un duc »
„Може би бих могъл да се омъжа за херцог"
« Je suppose que je pourrais épouser un comte »
„Предполагам, че мога да се омъжа за Ърл"
Belle a remercié très civilement ceux qui lui ont proposé
красавицата много цивилизовано благодари на тези, които са й предложили брак
elle leur a dit qu'elle était encore trop jeune pour se marier
тя им каза, че все още е твърде млада, за да се омъжи
elle voulait rester quelques années de plus avec son père
тя искаше да остане още няколко години с баща си
Tout d'un coup, le marchand a perdu sa fortune
Изведнъж търговецът загубил състоянието си
il a tout perdu sauf une petite maison de campagne
той загуби всичко освен малка селска къща
et il dit à ses enfants, les larmes aux yeux :
и каза на децата си със сълзи на очи:
« il faut aller à la campagne »
"трябва да отидем на село"

« et nous devons travailler pour gagner notre vie »
"и ние трябва да работим за прехраната си"
les deux filles aînées ne voulaient pas quitter la ville
двете най-големи дъщери не искаха да напуснат града
ils avaient plusieurs amants dans la ville
имаха няколко любовници в града
et ils étaient sûrs que l'un de leurs amants les épouserait
и бяха сигурни, че някой от техните любовници ще се ожени за тях
ils pensaient que leurs amants les épouseraient même sans fortune
те смятаха, че любовниците им ще се оженят за тях дори и без богатство
mais les bonnes dames se sont trompées
но добрите дами са се заблудили
leurs amants les ont abandonnés très vite
любовниците им ги изоставиха много бързо
parce qu'ils n'avaient plus de fortune
защото вече нямаха богатства
cela a montré qu'ils n'étaient pas vraiment appréciés
това показа, че всъщност не са били харесвани
tout le monde a dit qu'ils ne méritaient pas d'être plaints
всички казаха, че не заслужават да бъдат съжалявани
« Nous sommes heureux de voir leur fierté humiliée »
„радваме се да видим тяхната гордост унизена"
« Qu'ils soient fiers de traire les vaches »
"нека се гордеят с доенето на крави"
mais ils étaient préoccupés par Belle
но те бяха загрижени за красотата
elle était une créature si douce
тя беше толкова мило създание
elle parlait si gentiment aux pauvres
тя говореше толкова мило на бедните хора
et elle était d'une nature si innocente
и тя имаше толкова невинна природа
Plusieurs messieurs l'auraient épousée

Няколко господа биха се оженили за нея
ils l'auraient épousée même si elle était pauvre
щяха да се оженят за нея, въпреки че беше бедна
mais elle leur a dit qu'elle ne pouvait pas les épouser
но тя им каза, че не може да се омъжи за тях
parce qu'elle ne voulait pas quitter son père
защото нямаше да напусне баща си
elle était déterminée à l'accompagner à la campagne
тя беше решена да отиде с него в провинцията
afin qu'elle puisse le réconforter et l'aider
за да може тя да го утеши и да му помогне
pauvre Belle était très affligée au début
Бедната красавица отначало беше много наскърбена
elle était attristée par la perte de sa fortune
тя беше наскърбена от загубата на своето богатство
"Mais pleurer ne changera pas mon destin"
"но плачът няма да промени съдбата ми"
« Je dois essayer de me rendre heureux sans richesse »
„Трябва да се опитам да направя себе си щастлив без богатство"
ils sont venus dans leur maison de campagne
дойдоха в селската си къща
et le marchand et ses trois fils s'appliquèrent à l'agriculture
и търговецът и тримата му сина се заели със земеделието
Belle s'est levée à quatre heures du matin
красота стана в четири сутринта
et elle s'est dépêchée de nettoyer la maison
и тя побърза да почисти къщата
et elle s'est assurée que le dîner était prêt
и тя се увери, че вечерята е готова
au début, elle a trouvé sa nouvelle vie très difficile
в началото намираше новия си живот за много труден
parce qu'elle n'était pas habituée à un tel travail
защото не беше свикнала с такава работа
mais en moins de deux mois elle est devenue plus forte
но за по-малко от два месеца тя стана по-силна

et elle était en meilleure santé que jamais auparavant
и тя беше по-здрава от всякога
après avoir fait son travail, elle a lu
след като свърши работата си, тя прочете
elle jouait du clavecin
тя свиреше на клавесин
ou elle chantait en filant de la soie
или тя пееше, докато предеше коприна
au contraire, ses deux sœurs ne savaient pas comment passer leur temps
напротив, двете й сестри не знаеха как да прекарват времето си
ils se sont levés à dix heures et n'ont rien fait d'autre que paresser toute la journée
ставаха в десет и не правеха нищо, освен да мързелуват цял ден
ils ont déploré la perte de leurs beaux vêtements
те оплакваха загубата на хубавите си дрехи
et ils se sont plaints d'avoir perdu leurs connaissances
и се оплакаха, че са загубили своите познати
« Regardez notre plus jeune sœur », se dirent-ils.
„Вижте най-малката ни сестра", казаха си те
"Quelle pauvre et stupide créature elle est"
"какво бедно и глупаво същество е тя"
"C'est mesquin de se contenter de si peu"
"подло е да се задоволяваш с толкова малко"
le gentil marchand était d'un avis tout à fait différent
любезният търговец беше на съвсем друго мнение
il savait très bien que Belle éclipsait ses sœurs
знаеше много добре, че красотата засенчва сестрите й
elle les a surpassés en caractère ainsi qu'en esprit
тя ги надминаваше както по характер, така и по ум
il admirait son humilité et son travail acharné
той се възхищаваше на нейното смирение и упорит труд
mais il admirait surtout sa patience
но най-вече се възхищаваше на нейното търпение

ses sœurs lui ont laissé tout le travail à faire
сестрите й оставиха цялата работа
et ils l'insultaient à chaque instant
и те я обиждаха всеки момент
La famille vivait ainsi depuis environ un an.
Семейството живяло така около година
puis le commerçant a reçu une lettre d'un comptable
тогава търговецът получи писмо от счетоводител
il avait un investissement dans un navire
той имаше инвестиция в кораб
et le navire était arrivé sain et sauf
и корабът пристигна благополучно
Cette nouvelle a fait tourner les têtes des deux filles aînées
Новината му завъртя главите на двете големи дъщери
ils ont immédiatement eu l'espoir de revenir en ville
те веднага се надяваха да се върнат в града
parce qu'ils étaient assez fatigués de la vie à la campagne
защото бяха доста уморени от селския живот
ils sont allés vers leur père alors qu'il partait
те отидоха при баща си, когато той си тръгваше
ils l'ont supplié de leur acheter de nouveaux vêtements
те го молели да им купи нови дрехи
des robes, des rubans et toutes sortes de petites choses
рокли, панделки и всякакви дреболии
mais Belle n'a rien demandé
но красотата не поиска нищо
parce qu'elle pensait que l'argent ne serait pas suffisant
защото смяташе, че парите няма да стигнат
il n'y aurait pas assez pour acheter tout ce que ses sœurs voulaient
нямаше да има достатъчно, за да купи всичко, което искаха сестрите й
"Que veux-tu, ma belle ?" demanda son père
— Какво искаш, красавице? попита баща й
« Merci, père, pour la bonté de penser à moi », dit-elle
„Благодаря ти, татко, за добрината да мислиш за мен",

каза тя
« Père, ayez la gentillesse de m'apporter une rose »
"татко, бъди така добър да ми донесеш роза"
"parce qu'aucune rose ne pousse ici dans le jardin"
"защото тук в градината не растат рози"
"et les roses sont une sorte de rareté"
"а розите са някаква рядкост"
Belle ne se souciait pas vraiment des roses
красотата наистина не се интересуваше от розите
elle a juste demandé quelque chose pour ne pas condamner ses sœurs
тя само поиска нещо, за да не осъди сестрите си
mais ses sœurs pensaient qu'elle avait demandé des roses pour d'autres raisons
но сестрите й мислеха, че е поискала рози по други причини
"Elle l'a fait juste pour avoir l'air particulière"
"тя го направи само за да изглежда специално"
L'homme gentil est parti en voyage
Добрият човек тръгна на път
mais quand il est arrivé, ils se sont disputés à propos de la marchandise
но когато той пристигна, те се скараха за стоката
et après beaucoup d'ennuis, il est revenu aussi pauvre qu'avant
и след много неприятности се върна беден както преди
il était à quelques heures de sa propre maison
той беше на няколко часа от собствената си къща
et il imaginait déjà la joie de revoir ses enfants
и вече си представяше радостта да види децата си
mais en traversant la forêt, il s'est perdu
но когато минаваше през гората се изгуби
il a plu et neigé terriblement
валеше страшен дъжд и сняг
le vent était si fort qu'il l'a fait tomber de son cheval
вятърът беше толкова силен, че го изхвърли от коня

et la nuit arrivait rapidement
и нощта настъпваше бързо
il a commencé à penser qu'il pourrait mourir de faim
той започна да мисли, че може да умре от глад
et il pensait qu'il pourrait mourir de froid
и си помисли, че може да замръзне до смърт
et il pensait que les loups pourraient le manger
и си помисли, че вълците могат да го изядат
les loups qu'il entendait hurler tout autour de lui
вълците, които чу да вият навсякъде около себе си
mais tout à coup il a vu une lumière
но изведнъж видя светлина
il a vu la lumière au loin à travers les arbres
той видя светлината отдалеч през дърветата
quand il s'est approché, il a vu que la lumière était un palais
когато се приближи, видя, че светлината е дворец
le palais était illuminé de haut en bas
дворецът беше осветен от горе до долу
le marchand a remercié Dieu pour sa chance
търговецът благодари на Бога за късмета си
et il se précipita vers le palais
и той забърза към двореца
mais il fut surpris de ne voir personne dans le palais
но беше изненадан да не види хора в двореца
la cour était complètement vide
дворът беше напълно празен
et il n'y avait aucun signe de vie nulle part
и никъде нямаше признаци на живот
son cheval le suivit dans le palais
конят му го последва в двореца
et puis son cheval a trouvé une grande écurie
и тогава конят му намери голяма конюшня
le pauvre animal était presque affamé
горкото животно беше почти гладно
alors son cheval est allé chercher du foin et de l'avoine
така че конят му влезе да намери сено и овес

Heureusement, il a trouvé beaucoup à manger
за щастие той намери много за ядене
et le marchand attacha son cheval à la mangeoire
и търговецът върза коня си за яслите
En marchant vers la maison, il n'a vu personne
вървейки към къщата, не видя никого
mais dans une grande salle il trouva un bon feu
но в голяма зала намери добър огън
et il a trouvé une table dressée pour une personne
и той намери маса, сложена за един
il était mouillé par la pluie et la neige
беше мокър от дъжда и снега
alors il s'est approché du feu pour se sécher
затова се приближи до огъня, за да се изсуши
« J'espère que le maître de maison m'excusera »
„Надявам се господарят на къщата да ме извини"
« Je suppose qu'il ne faudra pas longtemps pour que quelqu'un apparaisse »
„Предполагам, че няма да отнеме много време, преди някой да се появи"
Il a attendu un temps considérable
Той чакаше доста време
il a attendu jusqu'à ce que onze heures sonnent, et toujours personne n'est venu
той изчака, докато удари единайсет, но никой не дойде
enfin, il avait tellement faim qu'il ne pouvait plus attendre
накрая беше толкова гладен, че не можеше да чака повече
il a pris du poulet et l'a mangé en deux bouchées
той взе малко пиле и го изяде на две хапки
il tremblait en mangeant la nourriture
той трепереше, докато ядеше храната
après cela, il a bu quelques verres de vin
след това той изпи няколко чаши вино
devenant plus courageux, il sortit du hall
по-смел той излезе от залата
et il traversa plusieurs grandes salles

и той премина през няколко големи зали
il a traversé le palais jusqu'à ce qu'il arrive dans une chambre
той мина през двореца, докато стигна до една стая
une chambre qui contenait un très bon lit
стая, която имаше изключително добро легло в нея
il était très fatigué par son épreuve
той беше много уморен от изпитанието си
et il était déjà minuit passé
а часът вече минаваше полунощ
alors il a décidé qu'il était préférable de fermer la porte
затова реши, че е най-добре да затвори вратата
et il a conclu qu'il devrait aller se coucher
и той реши, че трябва да си легне
Il était dix heures du matin lorsque le marchand s'est réveillé
Беше десет сутринта, когато търговецът се събуди
au moment où il allait se lever, il vit quelque chose
точно когато щеше да стане, видя нещо
il a été étonné de voir un ensemble de vêtements propres
той беше удивен да види чист комплект дрехи
à l'endroit où il avait laissé ses vêtements sales
на мястото, където е оставил мръсните си дрехи
"ce palais appartient certainement à une sorte de fée"
"със сигурност този дворец принадлежи на някаква фея"
" une fée qui m'a vu et qui a eu pitié de moi"
" фея , която ме видя и ме съжали"
il a regardé à travers une fenêtre
той погледна през един прозорец
mais au lieu de neige, il vit le jardin le plus charmant
но вместо сняг видя най-прекрасната градина
et dans le jardin il y avait les plus belles roses
а в градината бяха най-красивите рози
il est ensuite retourné dans la grande salle
след това се върна в голямата зала
la salle où il avait mangé de la soupe la veille

залата, където беше ял супа предишната вечер
et il a trouvé du chocolat sur une petite table
и той намери малко шоколад на малка маса
« Merci, bonne Madame la Fée », dit-il à voix haute.
„Благодаря ви, добра мадам фея", каза той на глас
"Merci d'être si attentionné"
"благодаря ви, че сте толкова грижовен"
« Je vous suis extrêmement reconnaissant pour toutes vos faveurs »
„Изключително съм ви задължен за всичките ви услуги"
l'homme gentil a bu son chocolat
милият мъж си изпи шоколада
et puis il est allé chercher son cheval
и след това отиде да търси коня си
mais dans le jardin il se souvint de la demande de Belle
но в градината си спомни молбата на красавицата
et il coupa une branche de roses
и той отряза розов клон
immédiatement il entendit un grand bruit
веднага чу силен шум
et il vit une bête terriblement effrayante
и той видя ужасно страшен звяр
il était tellement effrayé qu'il était sur le point de s'évanouir
беше толкова уплашен, че беше готов да припадне
« Tu es bien ingrat », lui dit la bête.
— Много си неблагодарен — каза му звярът
et la bête parla d'une voix terrible
и звярът проговори със страшен глас
« Je t'ai sauvé la vie en te laissant entrer dans mon château »
„Спасих живота ти, като те пуснах в моя замък"
"et pour ça tu me voles mes roses en retour ?"
"и за това крадете моите рози в замяна?"
« Les roses que j'apprécie plus que tout »
"Розите, които ценя повече от всичко"
"mais tu mourras pour ce que tu as fait"
"но ти ще умреш за това, което направи"

« Je ne vous donne qu'un quart d'heure pour vous préparer »
"Давам ви само четвърт час да се подготвите"
« Préparez-vous à la mort et dites vos prières »
"пригответе се за смъртта и кажете молитвите си"
le marchand tomba à genoux
търговецът падна на колене
et il leva ses deux mains
и той вдигна двете си ръце
« Monseigneur, je vous supplie de me pardonner »
"Господарю, умолявам те да ми простиш"
« Je n'avais aucune intention de t'offenser »
"Нямах намерение да те обидя"
« J'ai cueilli une rose pour une de mes filles »
„Събрах роза за една от дъщерите си"
"elle m'a demandé de lui apporter une rose"
"тя ме помоли да й донеса роза"
« Je ne suis pas ton seigneur, mais je suis une bête », répondit le monstre
„Аз не съм твой господар, но съм звяр", отговорило чудовището
« Je n'aime pas les compliments »
"Не обичам комплиментите"
« J'aime les gens qui parlent comme ils pensent »
"Харесвам хора, които говорят, както мислят"
« N'imaginez pas que je puisse être ému par la flatterie »
"не си представяйте, че мога да бъда трогнат от ласкателство"
« Mais tu dis que tu as des filles »
"Но вие казвате, че имате дъщери"
"Je te pardonnerai à une condition"
"Ще ти простя при едно условие"
« L'une de vos filles doit venir volontairement à mon palais »
"една от вашите дъщери трябва да дойде в моя дворец с желание"
"et elle doit souffrir pour toi"

"и тя трябва да страда за теб"
« Donne-moi ta parole »
„Позволи ми на думата ти"
"et ensuite tu pourras vaquer à tes occupations"
"и тогава можете да се занимавате с бизнеса си"
« Promets-moi ceci : »
"Обещай ми това:"
"Si votre fille refuse de mourir pour vous, vous devez revenir dans les trois mois"
"ако дъщеря ви откаже да умре за вас, трябва да се върнете до три месеца"
le marchand n'avait aucune intention de sacrifier ses filles
търговецът нямал намерение да пожертва дъщерите си
mais, comme on lui en donnait le temps, il voulait revoir ses filles une fois de plus
но тъй като му беше дадено време, той искаше да види дъщерите си още веднъж
alors il a promis qu'il reviendrait
така че той обеща, че ще се върне
et la bête lui dit qu'il pouvait partir quand il le voudrait
и звярът му каза, че може да тръгне, когато пожелае
et la bête lui dit encore une chose
и звярът му каза още нещо
« Tu ne partiras pas les mains vides »
"няма да си тръгнеш с празни ръце"
« retourne dans la pièce où tu étais allongé »
"върни се в стаята, където лежа"
« vous verrez un grand coffre au trésor vide »
"ще видите голям празен сандък със съкровища"
« Remplissez le coffre aux trésors avec ce que vous préférez »
"напълни сандъка със съкровището с каквото най-много ти харесва"
"et j'enverrai le coffre au trésor chez toi"
"и ще изпратя сандъка със съкровището до дома ти"
et en même temps la bête s'est retirée

и в същото време звярът се оттегли
« Eh bien, » se dit le bon homme
— Е — каза си добрият човек
« Si je dois mourir, je laisserai au moins quelque chose à mes enfants »
"Ако трябва да умра, поне ще оставя нещо на децата си"
alors il retourna dans la chambre à coucher
затова се върна в спалнята
et il a trouvé une grande quantité de pièces d'or
и намери много златни парчета
il a rempli le coffre au trésor que la bête avait mentionné
той напълни сандъка със съкровището, за който звярът спомена
et il sortit son cheval de l'écurie
и той изведе коня си от конюшнята
la joie qu'il ressentait en entrant dans le palais était désormais égale à la douleur qu'il ressentait en le quittant
радостта, която изпита, когато влезе в двореца, сега беше равна на скръбта, която изпита, напускайки го
le cheval a pris un des chemins de la forêt
конят пое по един от горските пътища
et quelques heures plus tard, le bon homme était à la maison
и след няколко часа добрият човек си беше у дома
ses enfants sont venus à lui
децата му дойдоха при него
mais au lieu de recevoir leurs étreintes avec plaisir, il les regardait
но вместо да приеме прегръдките им с удоволствие, той ги погледна
il brandit la branche qu'il tenait dans ses mains
той вдигна клона, който държеше в ръцете си
et puis il a fondu en larmes
и след това избухна в сълзи
« Belle », dit-il, « s'il te plaît, prends ces roses »
"красавице", каза той, "моля те, вземи тези рози"
"**Vous ne pouvez pas savoir à quel point ces roses ont été**

chères"
"не можеш да знаеш колко скъпи са били тези рози"
"Ces roses ont coûté la vie à ton père"
"тези рози са коствали живота на баща ти"
et puis il raconta sa fatale aventure
и тогава разказа за фаталното си приключение
immédiatement les deux sœurs aînées crièrent
веднага двете най-големи сестри извикаха
et ils ont dit beaucoup de choses méchantes à leur belle sœur
и казаха много злобни неща на красивата си сестра
mais Belle n'a pas pleuré du tout
но красотата изобщо не плачеше
« Regardez l'orgueil de ce petit misérable », dirent-ils.
„Вижте гордостта на този малък нещастник", казаха те
"elle n'a pas demandé de beaux vêtements"
"тя не поиска хубави дрехи"
"Elle aurait dû faire ce que nous avons fait"
"тя трябваше да направи това, което ние направихме"
"elle voulait se distinguer"
"тя искаше да се отличи"
"alors maintenant elle sera la mort de notre père"
"така че сега тя ще бъде смъртта на баща ни"
"et pourtant elle ne verse pas une larme"
"и въпреки това тя не проронва сълза"
"Pourquoi devrais-je pleurer ?" répondit Belle
— Защо да плача? - отговори красавицата
« pleurer serait très inutile »
"плачът би бил много излишен"
« Mon père ne souffrira pas pour moi »
"баща ми няма да страда за мен"
"le monstre acceptera une de ses filles"
"чудовището ще приеме една от дъщерите си"
« Je m'offrirai à toute sa fureur »
„Ще се предложа на цялата му ярост"
« Je suis très heureux, car ma mort sauvera la vie de mon père »

"Много съм щастлив, защото моята смърт ще спаси живота на баща ми"
"ma mort sera une preuve de mon amour"
"моята смърт ще бъде доказателство за моята любов"
« Non, ma sœur », dirent ses trois frères
— Не, сестро — казаха тримата й братя
"cela ne sera pas"
"това няма да бъде"
"nous allons chercher le monstre"
"ще отидем да намерим чудовището"
"et soit on le tue..."
"и или ще го убием..."
« ... ou nous périrons dans cette tentative »
"... или ще загинем при опита"
« N'imaginez rien de tel, mes fils », dit le marchand.
„Не си представяйте такова нещо, синове мои", каза търговецът
"La puissance de la bête est si grande que je n'ai aucun espoir que tu puisses la vaincre"
"силата на звяра е толкова голяма, че нямам надежда, че можеш да го победиш"
« Je suis charmé par l'offre aimable et généreuse de Belle »
„Очарована съм от милото и щедро предложение на красотата"
"mais je ne peux pas accepter sa générosité"
"но не мога да приема нейната щедрост"
« Je suis vieux et je n'ai plus beaucoup de temps à vivre »
„Стар съм и не ми остава дълго живот"
"Je ne peux donc perdre que quelques années"
"така че мога да загубя само няколко години"
"un temps que je regrette pour vous, mes chers enfants"
"време, за което съжалявам за вас, мили мои деца"
« Mais père », dit Belle
— Но татко — каза красавицата
"tu n'iras pas au palais sans moi"
"няма да отидеш в двореца без мен"

"tu ne peux pas m'empêcher de te suivre"
"не можеш да ме спреш да те последвам"
rien ne pourrait convaincre Belle autrement
нищо не можеше да убеди красотата в противното
elle a insisté pour aller au beau palais
тя настоя да отиде в прекрасния дворец
et ses sœurs étaient ravies de son insistance
и сестрите й бяха възхитени от нейното настояване
Le marchand était inquiet à l'idée de perdre sa fille
Търговецът се разтревожил от мисълта, че ще загуби дъщеря си
il était tellement inquiet qu'il avait oublié le coffre rempli d'or
той беше толкова притеснен, че беше забравил за сандъка, пълен със злато
la nuit, il se retirait pour se reposer et fermait la porte de sa chambre
през нощта той се оттегли да си почине и затвори вратата на стаята си
puis, à sa grande surprise, il trouva le trésor à côté de son lit
тогава, за свое голямо учудване, той намери съкровището до леглото си
il était déterminé à ne rien dire à ses enfants
той беше решен да не казва на децата си
s'ils savaient, ils auraient voulu retourner en ville
ако знаеха, щяха да искат да се върнат в града
et il était résolu à ne pas quitter la campagne
и той беше решен да не напуска провинцията
mais il confia le secret à Belle
но той довери на красотата тайната
elle l'informa que deux messieurs étaient venus
тя му съобщи, че са дошли двама господа
et ils ont fait des propositions à ses sœurs
и направиха предложения на сестрите й
elle a supplié son père de consentir à leur mariage
тя умоляваше баща си да се съгласи на брака им

et elle lui a demandé de leur donner une partie de sa fortune
и тя го помолила да им даде част от състоянието си
elle leur avait déjà pardonné
тя вече им беше простила
les méchantes créatures se frottaient les yeux avec des oignons
злите създания търкаха очите си с лук
pour forcer quelques larmes quand ils se sont séparés de leur sœur
за да проплакат малко сълзи, когато се разделят със сестра си
mais ses frères étaient vraiment inquiets
но братята й наистина бяха загрижени
Belle était la seule à ne pas verser de larmes
красавицата беше единствената, която не проля сълзи
elle ne voulait pas augmenter leur malaise
тя не искаше да увеличава тяхното безпокойство
le cheval a pris la route directe vers le palais
конят поел по прекия път към двореца
et vers le soir ils virent le palais illuminé
и към вечерта видяха осветения дворец
le cheval est rentré à l'écurie
конят отново влезе в конюшнята
et le bon homme et sa fille entrèrent dans la grande salle
и добрият човек и дъщеря му отидоха в голямата зала
ici ils ont trouvé une table magnifiquement dressée
тук откриха великолепно сервирана маса
le marchand n'avait pas d'appétit pour manger
търговецът нямаше апетит да яде
mais Belle s'efforçait de paraître joyeuse
но красотата се стараеше да изглежда весела
elle s'est assise à table et a aidé son père
тя седна на масата и помогна на баща си
mais elle pensait aussi :
но тя също си помисли:
"La bête veut sûrement m'engraisser avant de me manger"

"звярът със сигурност иска да ме угои, преди да ме изяде"
"c'est pourquoi il offre autant de divertissement"
"ето защо той предлага толкова изобилни забавления"
après avoir mangé, ils entendirent un grand bruit
след като ядоха, чуха голям шум
et le marchand fit ses adieux à son malheureux enfant, les larmes aux yeux
и търговецът се сбогува с нещастното си дете със сълзи на очи
parce qu'il savait que la bête allait venir
защото знаеше, че звярът идва
Belle était terrifiée par sa forme horrible
красавицата беше ужасена от ужасната му форма
mais elle a pris courage du mieux qu'elle a pu
но тя събра колкото можеше смелост
et le monstre lui a demandé si elle était venue volontairement
и чудовището я попита дали е дошла с желание
"**Oui, je suis venue volontiers", dit-elle en tremblant**
— Да, дойдох с желание — каза тя разтреперана
la bête répondit : « Tu es très bon »
звярът отговорил: „Много си добър"
"**et je vous suis très reconnaissant, honnête homme**"
"и аз съм ви много задължен; честен човек"
« Allez-y demain matin »
"тръгнете по пътя си утре сутрин"
"**mais ne pense plus jamais à revenir ici**"
"но никога повече не си и помисляй да идваш тук"
« Adieu Belle, adieu bête », répondit-il
„Сбогом красавице, сбогом звяр", отговори той
et immédiatement le monstre s'est retiré
и веднага чудовището се оттегли
« Oh, ma fille », dit le marchand
— О, дъще — каза търговецът
et il embrassa sa fille une fois de plus
и той прегърна още веднъж дъщеря си

« Je suis presque mort de peur »
„Почти съм изплашен до смърт"
"crois-moi, tu ferais mieux de rentrer"
"повярвай ми, по-добре да се върнеш"
"Laisse-moi rester ici, à ta place"
"нека остана тук, вместо теб"
« Non, père », dit Belle d'un ton résolu.
— Не, татко — каза красавицата с решителен тон
"tu partiras demain matin"
"ще тръгнете утре сутрин"
« Laissez-moi aux soins et à la protection de la Providence »
"оставете ме на грижите и защитата на провидението"
néanmoins ils sont allés se coucher
въпреки това си легнаха
ils pensaient qu'ils ne fermeraient pas les yeux de la nuit
мислеха, че няма да затворят очи цяла нощ
mais juste au moment où ils se couchaient, ils s'endormirent
но както си легнаха, така и заспаха
La belle rêva qu'une belle dame venait et lui disait :
красавицата сънува, че една хубава дама идва и й казва:
« Je suis content, Belle, de ta bonne volonté »
„Доволен съм, красавице, от твоята добра воля"
« Cette bonne action de votre part ne restera pas sans récompense »
"това твое добро действие няма да остане невъзнаградено"
Belle s'est réveillée et a raconté son rêve à son père
красавицата се събудила и разказала на баща си съня си
le rêve l'a aidé à se réconforter un peu
сънят му помогна да го утеши малко
mais il ne pouvait s'empêcher de pleurer amèrement en partant
но той не можеше да не плаче горчиво, докато си тръгваше
Dès qu'il fut parti, Belle s'assit dans la grande salle et pleura aussi
щом той си отиде, красавицата седна в голямата зала и

също заплака
mais elle résolut de ne pas s'inquiéter
но тя реши да не се безпокои
elle a décidé d'être forte pour le peu de temps qui lui restait à vivre
тя реши да бъде силна за малкото време, което й оставаше живот
parce qu'elle croyait fermement que la bête la mangerait
защото тя твърдо вярваше, че звярът ще я изяде
Cependant, elle pensait qu'elle pourrait aussi bien explorer le palais
въпреки това тя си помисли, че може и да разгледа двореца
et elle voulait voir le beau château
и тя искаше да разгледа прекрасния замък
un château qu'elle ne pouvait s'empêcher d'admirer
замък, на който тя не можеше да не се възхити
c'était un palais délicieusement agréable
това беше възхитително приятен дворец
et elle fut extrêmement surprise de voir une porte
и тя беше изключително изненадана, когато видя врата
et sur la porte il était écrit que c'était sa chambre
а над вратата пишеше, че това е нейната стая
elle a ouvert la porte à la hâte
тя бързо отвори вратата
et elle était tout à fait éblouie par la magnificence de la pièce
и тя беше доста заслепена от великолепието на стаята
ce qui a principalement retenu son attention était une grande bibliothèque
това, което най-вече привлече вниманието й, беше голяма библиотека
un clavecin et plusieurs livres de musique
клавесин и няколко музикални книги
« Eh bien, » se dit-elle
— Е — каза тя на себе си
« Je vois que la bête ne laissera pas mon temps peser sur moi

»
„Виждам, че звярът няма да остави времето ми да тежи"
puis elle réfléchit à sa situation
след това тя се замисли за положението си
« Si je devais rester un jour, tout cela ne serait pas là »
„Ако ми беше писано да остана един ден, всичко това нямаше да е тук"
cette considération lui inspira un courage nouveau
това съображение я вдъхна с нова смелост
et elle a pris un livre de sa nouvelle bibliothèque
и тя взе книга от новата си библиотека
et elle lut ces mots en lettres d'or :
и тя прочете тези думи със златни букви:
« Accueillez Belle, bannissez la peur »
"Добре дошла красавице, прогони страха"
« Vous êtes reine et maîtresse ici »
„Ти си кралица и господарка тук"
« Exprimez vos souhaits, exprimez votre volonté »
"Кажи желанията си, кажи волята си"
« L'obéissance rapide répond ici à vos souhaits »
„Бързото подчинение отговаря на вашите желания тук"
« Hélas, dit-elle avec un soupir
— Уви — каза тя с въздишка
« Ce que je souhaite par-dessus tout, c'est revoir mon pauvre père. »
"Повече от всичко искам да видя бедния си баща"
"et j'aimerais savoir ce qu'il fait"
"и бих искал да знам какво прави"
Dès qu'elle eut dit cela, elle remarqua le miroir
Веднага щом каза това, тя забеляза огледалото
à sa grande surprise, elle vit sa propre maison dans le miroir
за свое голямо учудване тя видя собствения си дом в огледалото
son père est arrivé émotionnellement épuisé
баща й пристигна емоционално изтощен
ses sœurs sont allées à sa rencontre

сестрите й отидоха да го посрещнат
malgré leurs tentatives de paraître tristes, leur joie était visible
въпреки опитите им да изглеждат тъжни, радостта им беше видима
un instant plus tard, tout a disparu
миг по-късно всичко изчезна
et les appréhensions de Belle ont également disparu
и опасенията на красотата също изчезнаха
car elle savait qu'elle pouvait faire confiance à la bête
защото знаеше, че може да се довери на звяра
À midi, elle trouva le dîner prêt
По обяд намерила вечерята готова
elle s'est assise à la table
тя седна на масата
et elle a été divertie avec un concert de musique
и тя беше забавлявана с музикален концерт
même si elle ne pouvait voir personne
въпреки че не можеше да види никого
le soir, elle s'est à nouveau assise pour dîner
през нощта тя отново седна да вечеря
cette fois elle entendit le bruit que faisait la bête
този път тя чу шума, който издаде звярът
et elle ne pouvait s'empêcher d'être terrifiée
и тя не можеше да не се ужаси
"**Belle**", **dit le monstre**
"Красота", каза чудовището
"**est-ce que tu me permets de manger avec toi ?**"
"разрешаваш ли ми да ям с теб?"
« **Fais comme tu veux** », **répondit Belle en tremblant**
„Прави каквото искаш", отвърна разтреперана красавицата
"**Non**", **répondit la bête**
— Не — отвърна звярът
"**tu es seule la maîtresse ici**"
"само ти си господарка тук"

"tu peux me renvoyer si je suis gênant"
"можете да ме отпратите, ако създавам проблеми"
« renvoyez-moi et je me retirerai immédiatement »
"изпрати ме и аз веднага ще се оттегля"
« Mais dis-moi, ne me trouves-tu pas très laide ? »
„Но кажи ми, не мислиш ли, че съм много грозна?"
"C'est vrai", dit Belle
„Това е вярно", каза красавицата
« Je ne peux pas mentir »
"Не мога да лъжа"
"mais je crois que tu es de très bonne nature"
"но вярвам, че си много добър"
« Je le suis en effet », dit le monstre
— Наистина съм — каза чудовището
« Mais à part ma laideur, je n'ai pas non plus de bon sens »
„Но освен грозотата си, нямам и разум"
« Je sais très bien que je suis une créature stupide »
„Много добре знам, че съм глупаво създание"
« Ce n'est pas un signe de folie de penser ainsi », répondit Belle.
„Не е признак на глупост да мислим така", отвърна красавицата
« Mange donc, belle », dit le monstre
— Яж тогава, красавице — каза чудовището
« essaie de t'amuser dans ton palais »
"опитайте се да се забавлявате във вашия дворец"
"tout ici est à toi"
"всичко тук е твое"
"et je serais très mal à l'aise si tu n'étais pas heureux"
"и бих бил много неспокоен, ако не си щастлив"
« Vous êtes très obligeant », répondit Belle
„Много си услужлив", отговори красавицата
« J'avoue que je suis heureux de votre gentillesse »
„Признавам, че съм доволен от вашата доброта"
« et quand je considère votre gentillesse, je remarque à peine vos difformités »

"и когато взема предвид вашата доброта, почти не забелязвам вашите деформации"
« Oui, oui, dit la bête, mon cœur est bon.
— Да, да — каза звярът, — сърцето ми е добро
"mais même si je suis bon, je suis toujours un monstre"
"но въпреки че съм добър, аз все още съм чудовище"
« Il y a beaucoup d'hommes qui méritent ce nom plus que toi »
"Има много мъже, които заслужават това име повече от теб"
"et je te préfère tel que tu es"
"и те предпочитам такъв, какъвто си"
"et je te préfère à ceux qui cachent un cœur ingrat"
"и те предпочитам повече от тези, които крият неблагодарно сърце"
"Si seulement j'avais un peu de bon sens", répondit la bête
"Само да имах малко разум", отвърна звярът
"Si j'avais du bon sens, je vous ferais un beau compliment pour vous remercier"
„Ако имах разум, щях да направя добър комплимент, за да ви благодаря"
"mais je suis si ennuyeux"
"но аз съм толкова скучен"
« Je peux seulement dire que je vous suis très reconnaissant »
„Мога само да кажа, че съм ви много задължен"
Belle a mangé un copieux souper
красавицата яде обилна вечеря
et elle avait presque vaincu sa peur du monstre
и почти беше преодоляла страха си от чудовището
mais elle a voulu s'évanouir lorsque la bête lui a posé la question suivante
но искаше да припадне, когато звярът й зададе следващия въпрос
"Belle, veux-tu être ma femme ?"
"красавице, ще бъдеш ли моя жена?"

elle a mis du temps avant de pouvoir répondre
й отне известно време, преди да успее да отговори
parce qu'elle avait peur de le mettre en colère
защото се страхуваше да не го ядоса
Mais finalement elle dit "non, bête"
накрая обаче тя каза "не, звяр"
immédiatement le pauvre monstre siffla très effroyablement
незабавно горкото чудовище изсъска много страшно
et tout le palais résonna
и целият дворец ехтеше
mais Belle se remit bientôt de sa frayeur
но красотата скоро се съвзе от страха си
parce que la bête parla encore d'une voix lugubre
защото звярът отново проговори с печален глас
"Alors adieu, Belle"
"тогава сбогом, красавице"
et il ne se retournait que de temps en temps
и само от време на време се обръщаше назад
de la regarder alors qu'il sortait
да я гледа като излиза
maintenant Belle était à nouveau seule
сега красотата отново беше сама
elle ressentait beaucoup de compassion
тя почувства голяма доза състрадание
"Hélas, c'est mille fois dommage"
"Уви, хиляди жалко"
"tout ce qui est si bon ne devrait pas être si laid"
"всичко толкова добродушно не трябва да е толкова грозно"
Belle a passé trois mois très heureuse dans le palais
красавицата прекара три месеца много доволна в двореца
chaque soir la bête lui rendait visite
всяка вечер звярът я посещаваше
et ils ont parlé pendant le dîner
и те разговаряха по време на вечеря
ils ont parlé avec bon sens

говореха със здрав разум
mais ils ne parlaient pas avec ce que les gens appellent de l'esprit
но те не говореха с това, което хората наричат остроумие
Belle a toujours découvert un caractère précieux dans la bête
красотата винаги е откривала някакъв ценен характер в звяра
et elle s'était habituée à sa difformité
и тя беше свикнала с неговата деформация
elle ne redoutait plus le moment de sa visite
тя вече не се страхуваше от времето на неговото посещение
maintenant elle regardait souvent sa montre
сега тя често поглеждаше часовника си
et elle ne pouvait pas attendre qu'il soit neuf heures
и тя нямаше търпение да стане девет часа
car la bête ne manquait jamais de venir à cette heure-là
защото звярът никога не пропуска да дойде в този час
il n'y avait qu'une seule chose qui concernait Belle
имаше само едно нещо, което се отнасяше до красотата
chaque soir avant d'aller au lit, la bête lui posait la même question
всяка вечер преди да си легне, звярът й задавал един и същи въпрос
le monstre lui a demandé si elle voulait être sa femme
чудовището я попита дали тя ще бъде негова жена
un jour elle lui dit : "bête, tu me mets très mal à l'aise"
един ден тя му каза, "звяр, много ме притесняваш"
« **J'aimerais pouvoir consentir à t'épouser** »
„Иска ми се да мога да се съглася да се оженя за теб"
"mais je suis trop sincère pour te faire croire que je t'épouserais"
"но аз съм твърде искрен, за да те накарам да повярваш, че бих се оженил за теб"
"Notre mariage n'aura jamais lieu"
"нашият брак никога няма да се случи"
« **Je te verrai toujours comme un ami** »

"Винаги ще те виждам като приятел"
"S'il vous plaît, essayez d'être satisfait de cela"
"моля, опитайте се да сте доволни от това"
« Je dois me contenter de cela », dit la bête
— Трябва да съм доволен от това — каза звярът
« Je connais mon propre malheur »
"Знам собственото си нещастие"
"mais je t'aime avec la plus tendre affection"
"но те обичам с най-нежна обич"
« Cependant, je devrais me considérer comme heureux »
„Въпреки това трябва да се смятам за щастлив"
"et je serais heureux que tu restes ici"
"и трябва да се радвам, че ще останеш тук"
"promets-moi de ne jamais me quitter"
"обещай ми никога да не ме изоставяш"
Belle rougit à ces mots
красотата се изчерви при тези думи
Un jour, Belle se regardait dans son miroir
един ден красавицата се гледаше в огледалото си
son père s'était inquiété à mort pour elle
баща й се беше притеснил за нея
elle avait plus que jamais envie de le revoir
копнееше да го види отново повече от всякога
« Je pourrais te promettre de ne jamais te quitter complètement »
„Мога да обещая, че никога няма да те напусна напълно"
"mais j'ai tellement envie de voir mon père"
"но имам толкова голямо желание да видя баща си"
« Je serais terriblement contrarié si tu disais non »
„Ще бъда невероятно разстроен, ако кажеш „не"
« Je préfère mourir moi-même », dit le monstre
— Предпочитах да умра — каза чудовището
« Je préférerais mourir plutôt que de te mettre mal à l'aise »
"Предпочитам да умра, отколкото да те накарам да се чувстваш неспокоен"
« Je t'enverrai vers ton père »

„Ще те изпратя при баща ти"
"tu resteras avec lui"
"ще останеш с него"
"et cette malheureuse bête mourra de chagrin à la place"
"и този нещастен звяр вместо това ще умре от мъка"
« Non », dit Belle en pleurant
"Не", каза красавицата, разплакана
"Je t'aime trop pour être la cause de ta mort"
"Обичам те твърде много, за да бъда причината за смъртта ти"
"Je te promets de revenir dans une semaine"
„Обещавам ти да се върна след седмица"
« Tu m'as montré que mes sœurs sont mariées »
"Ти ми показа, че сестрите ми са омъжени"
« et mes frères sont partis à l'armée »
"и братята ми отидоха в армията"
« laisse-moi rester une semaine avec mon père, car il est seul »
"оставете ме да остана една седмица при баща ми, тъй като той е сам"
« Tu seras là demain matin », dit la bête
— Ще бъдеш там утре сутрин — каза звярът
"mais souviens-toi de ta promesse"
"но запомни обещанието си"
« Il vous suffit de poser votre bague sur une table avant d'aller vous coucher »
"Трябва само да оставите пръстена си на масата, преди да си легнете"
"et alors tu seras ramené avant le matin"
"и тогава ще бъдеш върнат преди сутринта"
« Adieu chère Belle », soupira la bête
— Сбогом, скъпа красавице — въздъхна звярът
Belle s'est couchée très triste cette nuit-là
тази вечер красотата си легна много тъжна
parce qu'elle ne voulait pas voir la bête si inquiète
защото не искаше да види звяра толкова притеснен

le lendemain matin, elle se retrouva chez son père
на следващата сутрин тя се озова в дома на баща си
elle a sonné une petite cloche à côté de son lit
тя звънна на малко звънче до леглото си
et la servante poussa un grand cri
и прислужницата нададе силен писък
et son père a couru à l'étage
и баща й изтича нагоре
il pensait qu'il allait mourir de joie
мислеше, че ще умре от радост
il l'a tenue dans ses bras pendant un quart d'heure
той я държа в ръцете си четвърт час
Finalement, les premières salutations étaient terminées
в крайна сметка първите поздрави свършиха
Belle a commencé à penser à sortir du lit
красавицата започна да мисли за ставане от леглото
mais elle s'est rendu compte qu'elle n'avait apporté aucun vêtement
но осъзна, че не е донесла дрехи
mais la servante lui a dit qu'elle avait trouvé une boîte
но прислужницата й каза, че е намерила кутия
le grand coffre était plein de robes et de robes
големият сандък беше пълен с рокли и рокли
chaque robe était couverte d'or et de diamants
всяка рокля беше покрита със злато и диаманти
La Belle a remercié la Bête pour ses bons soins
красавицата благодари на звяра за любезните му грижи
et elle a pris l'une des robes les plus simples
и тя взе една от най-обикновените рокли
elle avait l'intention de donner les autres robes à ses sœurs
смяташе да даде другите рокли на сестрите си
mais à cette pensée le coffre de vêtements disparut
но при тази мисъл сандъкът с дрехи изчезна
la bête avait insisté sur le fait que les vêtements étaient pour elle seulement
звярът беше настоял, че дрехите са само за нея

son père lui a dit que c'était le cas
баща й й каза, че това е така
et aussitôt le coffre de vêtements est revenu
и веднага багажникът с дрехи се върна отново
Belle s'est habillée avec ses nouveaux vêtements
красавицата се облече с новите си дрехи
et pendant ce temps les servantes allèrent chercher ses sœurs
а междувременно прислужниците отидоха да намерят сестрите й
ses deux sœurs étaient avec leurs maris
и двете й сестри бяха със съпрузите си
mais ses deux sœurs étaient très malheureuses
но и двете й сестри бяха много нещастни
sa sœur aînée avait épousé un très beau gentleman
най-голямата й сестра се беше омъжила за много красив господин
mais il était tellement amoureux de lui-même qu'il négligeait sa femme
но той толкова обичаше себе си, че пренебрегна жена си
sa deuxième sœur avait épousé un homme spirituel
втората й сестра се беше омъжила за остроумен мъж
mais il a utilisé son esprit pour tourmenter les gens
но той използва остроумието си, за да измъчва хората
et il tourmentait surtout sa femme
и най-много измъчваше жена си
Les sœurs de Belle l'ont vue habillée comme une princesse
сестрите на красавицата я видели облечена като принцеса
et ils furent écœurés d'envie
и се разболяха от завист
maintenant elle était plus belle que jamais
сега тя беше по-красива от всякога
son comportement affectueux n'a pas pu étouffer leur jalousie
нейното нежно поведение не можеше да потуши ревността им
elle leur a dit combien elle était heureuse avec la bête

тя им каза колко е щастлива със звяра
et leur jalousie était prête à éclater
и ревността им беше готова да избухне
Ils descendirent dans le jardin pour pleurer leur malheur
Те слязоха в градината да плачат за нещастието си
« En quoi cette petite créature est-elle meilleure que nous ? »
„В какво това малко създание е по-добро от нас?"
« Pourquoi devrait-elle être tellement plus heureuse ? »
— Защо трябва да е толкова по-щастлива?
« Sœur », dit la sœur aînée
"Сестро", каза по-голямата сестра
"une pensée vient de me traverser l'esprit"
"току-що ми хрумна една мисъл"
« Essayons de la garder ici plus d'une semaine »
"нека се опитаме да я задържим тук повече от седмица"
"Peut-être que cela fera enrager ce monstre idiot"
"може би това ще вбеси глупавото чудовище"
« parce qu'elle aurait manqué à sa parole »
"защото тя щеше да наруши думата си"
"et alors il pourrait la dévorer"
"и тогава той може да я погълне"
"C'est une excellente idée", répondit l'autre sœur
„Това е страхотна идея", отговори другата сестра
« Nous devons lui montrer autant de gentillesse que possible »
"трябва да й покажем колкото е възможно повече доброта"
les sœurs en ont fait leur résolution
сестрите взеха това решение
et ils se sont comportés très affectueusement envers leur sœur
и те се държаха много нежно със сестра си
pauvre Belle pleurait de joie à cause de toute leur gentillesse
клетата красавица плачеше от радост от цялата им доброта
quand la semaine fut expirée, ils pleurèrent et s'arrachèrent

les cheveux
когато седмицата изтече, те плачеха и си късаха косите
ils semblaient si désolés de se séparer d'elle
те изглеждаха толкова съжаляващи да се разделят с нея
et Belle a promis de rester une semaine de plus
и красавицата обеща да остане още седмица
Pendant ce temps, Belle ne pouvait s'empêcher de réfléchir sur elle-même
Междувременно красавицата не можеше да не разсъждава върху себе си
elle s'inquiétait de ce qu'elle faisait à la pauvre bête
тя се тревожеше какво причинява на бедния звяр
elle sait qu'elle l'aimait sincèrement
тя знае, че искрено го обича
et elle avait vraiment envie de le revoir
и тя наистина копнееше да го види отново
la dixième nuit qu'elle a passée chez son père aussi
десетата нощ също прекарала при баща си
elle a rêvé qu'elle était dans le jardin du palais
тя сънува, че е в градината на двореца
et elle rêva qu'elle voyait la bête étendue sur l'herbe
и тя сънува, че вижда звяра проснат на тревата
il semblait lui faire des reproches d'une voix mourante
— сякаш я упрекна той с умиращ глас
et il l'accusa d'ingratitude
и той я обвини в неблагодарност
Belle s'est réveillée de son sommeil
красотата се събуди от съня си
et elle a fondu en larmes
и тя избухна в сълзи
« Ne suis-je pas très méchant ? »
— Не съм ли много зъл?
« N'était-ce pas cruel de ma part d'agir si méchamment envers la bête ? »
— Не беше ли жестоко от моя страна да се държа толкова нелюбезно със звяра?

"la bête a tout fait pour me faire plaisir"
"звярът направи всичко, за да ми угоди"
« Est-ce sa faute s'il est si laid ? »
— Той ли е виновен, че е толкова грозен?
« Est-ce sa faute s'il a si peu d'esprit ? »
— Той ли е виновен, че има толкова малко акъл?
« Il est gentil et bon, et cela suffit »
„Той е мил и добър и това е достатъчно"
« Pourquoi ai-je refusé de l'épouser ? »
— Защо отказах да се омъжа за него?
« Je devrais être heureux avec le monstre »
„Трябва да съм доволен от чудовището"
« regarde les maris de mes sœurs »
"виж съпрузите на сестрите ми"
« Ni l'esprit, ni la beauté ne les rendent bons »
"нито остроумието, нито красотата ги прави добри"
« aucun de leurs maris ne les rend heureuses »
"нито един от мъжете им не ги прави щастливи"
« mais la vertu, la douceur de caractère et la patience »
"но добродетел, сладост на нрава и търпение"
"ces choses rendent une femme heureuse"
"тези неща правят една жена щастлива"
"et la bête a toutes ces qualités précieuses"
"и звярът има всички тези ценни качества"
"c'est vrai, je ne ressens pas de tendresse et d'affection pour lui"
"вярно е; не изпитвам нежността на обичта към него"
"mais je trouve que j'éprouve la plus grande gratitude envers lui"
"но намирам, че изпитвам най-голяма благодарност към него"
"et j'ai la plus haute estime pour lui"
"и го уважавам най-високо"
"et il est mon meilleur ami"
"и той е най-добрият ми приятел"
« Je ne le rendrai pas malheureux

"Няма да го направя нещастен"
« Si j'étais si ingrat, je ne me le pardonnerais jamais »
"Ако бях толкова неблагодарен, никога нямаше да си простя"

Belle a posé sa bague sur la table
красавицата сложи пръстена си на масата
et elle est retournée au lit
и тя отново си легна
à peine était-elle au lit qu'elle s'endormit
едва беше в леглото, преди да заспи
elle s'est réveillée à nouveau le lendemain matin
тя се събуди отново на следващата сутрин
et elle était ravie de se retrouver dans le palais de la bête
и тя беше извънредно щастлива, че се озова в двореца на звяра
elle a mis une de ses plus belles robes pour lui faire plaisir
тя облече една от най-хубавите си рокли, за да му хареса
et elle attendait patiemment le soir
и тя търпеливо изчака вечерта
enfin l' heure tant souhaitée est arrivée
дойде желаният час
L'horloge a sonné neuf heures, mais aucune bête n'est apparue
часовникът удари девет, но не се появи звяр
La belle craignit alors d'avoir été la cause de sa mort
красавицата тогава се страхуваше, че тя е причината за смъртта му
elle a couru en pleurant dans tout le palais
тя тичаше плачеща из целия дворец
après l'avoir cherché partout, elle se souvint de son rêve
след като го е търсила навсякъде, тя си спомня съня си
et elle a couru vers le canal dans le jardin
и тя изтича до канала в градината
là elle a trouvé la pauvre bête étendue
там намери бедния звяр проснат
et elle était sûre de l'avoir tué

и беше сигурна, че го е убила
elle se jeta sur lui sans aucune crainte
тя се хвърли върху него без никакъв страх
son cœur battait encore
сърцето му все още биеше
elle est allée chercher de l'eau au canal
тя донесе малко вода от канала
et elle versa l'eau sur sa tête
и тя изля водата върху главата му
la bête ouvrit les yeux et parla à Belle
звярът отвори очи и заговори на красотата
« Tu as oublié ta promesse »
"Забравихте обещанието си"
« J'étais tellement navrée de t'avoir perdu »
"Бях толкова разбито, че те загубих"
« J'ai décidé de me laisser mourir de faim »
"Реших да гладувам"
"mais j'ai le bonheur de te revoir une fois de plus"
"но имам щастието да те видя още веднъж"
"j'ai donc le plaisir de mourir satisfait"
"така че имам удоволствието да умра доволен"
« Non, chère bête », dit Belle, « tu ne dois pas mourir »
„Не, скъпи звяр", каза красавицата, „не трябва да умираш"
« Vis pour être mon mari »
"Живей, за да бъдеш мой съпруг"
"à partir de maintenant je te donne ma main"
"от този момент ти подавам ръката си"
"et je jure de n'être que le tien"
"и се кълна да бъда само твоя"
« Hélas ! Je pensais n'avoir que de l'amitié pour toi »
"Уви! Мислех, че имам само приятелство за теб"
« mais la douleur que je ressens maintenant m'en convainc » ;
"но скръбта, която сега изпитвам, ме убеждава;"
"Je ne peux pas vivre sans toi"

"Не мога да живея без теб"
Belle avait à peine prononcé ces mots lorsqu'elle vit une lumière
красотата, която едва ли беше изрекла тези думи, когато видя светлина
le palais scintillait de lumière
дворецът искряше в светлина
des feux d'artifice ont illuminé le ciel
фойерверки озариха небето
et l'air rempli de musique
и въздухът изпълнен с музика
tout annonçait un grand événement
всичко известяваше за някакво велико събитие
mais rien ne pouvait retenir son attention
но нищо не можеше да задържи вниманието й
elle s'est tournée vers sa chère bête
— обърна се тя към скъпия си звяр
la bête pour laquelle elle tremblait de peur
звярът, за когото тя трепереше от страх
mais sa surprise fut grande face à ce qu'elle vit !
но нейната изненада беше голяма от това, което видя!
la bête avait disparu
звярът беше изчезнал
Au lieu de cela, elle a vu le plus beau prince
вместо това тя видя най-красивия принц
elle avait mis fin au sort
тя бе сложила край на заклинанието
un sort sous lequel il ressemblait à une bête
заклинание, под което той приличаше на звяр
ce prince était digne de toute son attention
този принц беше достоен за цялото й внимание
mais elle ne pouvait s'empêcher de demander où était la bête
но не можа да не попита къде е звярът
« Vous le voyez à vos pieds », dit le prince
— Виждате го в краката си — каза принцът
« Une méchante fée m'avait condamné »

„Зла фея ме беше осъдила"
« Je devais rester dans cette forme jusqu'à ce qu'une belle princesse accepte de m'épouser »
„Трябваше да остана в тази форма, докато красива принцеса не се съгласи да се омъжи за мен"
"la fée a caché ma compréhension"
"феята скри моето разбиране"
« tu étais le seul assez généreux pour être charmé par la bonté de mon caractère »
"ти беше единственият достатъчно щедър, за да бъдеш очарован от добротата на моя нрав"
Belle était agréablement surprise
красавицата беше щастливо изненадана
et elle donna sa main au charmant prince
и тя подаде ръката си на очарователния принц
ils sont allés ensemble au château
те отидоха заедно в замъка
et Belle fut ravie de retrouver son père au château
и красавицата беше извънредно щастлива да намери баща си в замъка
et toute sa famille était là aussi
и цялото й семейство също бяха там
même la belle dame qui lui était apparue dans son rêve était là
дори красивата дама, която се появи в съня й, беше там
"Belle", dit la dame du rêve
"Красота", каза дамата от съня
« viens et reçois ta récompense »
"ела и получи своята награда"
« Vous avez préféré la vertu à l'esprit ou à l'apparence »
"предпочитал си добродетелта пред остроумието или външния вид"
"et tu mérites quelqu'un chez qui ces qualités sont réunies"
"и вие заслужавате някой, в който тези качества са обединени"
"tu vas être une grande reine"

"ти ще бъдеш страхотна кралица"
« J'espère que le trône ne diminuera pas votre vertu »
„Надявам се, че тронът няма да намали вашата добродетел"
puis la fée se tourna vers les deux sœurs
тогава феята се обърна към двете сестри
« J'ai vu à l'intérieur de vos cœurs »
"Видях вътре в сърцата ви"
"et je connais toute la méchanceté que contiennent vos cœurs"
"и знам цялата злоба, която съдържат сърцата ви"
« Vous deux deviendrez des statues »
"вие двамата ще станете статуи"
"mais vous garderez votre esprit"
"но ще запазите ума си"
« Tu te tiendras aux portes du palais de ta sœur »
"ще стоиш пред портите на двореца на сестра си"
"Le bonheur de ta sœur sera ta punition"
"Щастието на сестра ти ще бъде твоето наказание"
« vous ne pourrez pas revenir à vos anciens états »
"няма да можете да се върнете в предишните си състояния"
« à moins que vous n'admettiez tous les deux vos fautes »
"освен ако и двамата не признаете грешките си"
"mais je prévois que vous resterez toujours des statues"
"но аз предвиждам, че вие винаги ще останете статуи"
« L'orgueil, la colère, la gourmandise et l'oisiveté sont parfois vaincus »
"гордостта, гневът, лакомията и безделието понякога се побеждават"
" **mais la conversion des esprits envieux et malveillants sont des miracles** "
" но обръщането на завистливи и злонамерени умове са чудеса"
immédiatement la fée donna un coup de baguette
веднага феята удари магическата си пръчка

et en un instant tous ceux qui étaient dans la salle furent transportés
и след миг всички, които бяха в залата, бяха транспортирани
ils étaient entrés dans les domaines du prince
те бяха отишли във владенията на принца
les sujets du prince l'ont reçu avec joie
поданиците на княза го приели с радост
le prêtre a épousé Belle et la bête
свещеникът се ожени за красавицата и звяра
et il a vécu avec elle de nombreuses années
и той живя с нея много години
et leur bonheur était complet
и щастието им беше пълно
parce que leur bonheur était fondé sur la vertu
защото тяхното щастие се основаваше на добродетелта

La fin
Краят

www.ingramcontent.com/pod-product-compliance
Lightning Source LLC
Chambersburg PA
CBHW011554070526
44585CB00023B/2593